유형별 사례 중심으로 집대성

소액 심판 · 소장

접수와 사례작성방법의 실제

편저 : 대한실무법률편찬연구회
(콘텐츠 제공)

KB058125

📖 법문북스

유형별 사례 중심으로 집대성

소액 심판 · 소장
접수와 사례작성방법의 실제

편저 : 대한실무법률편찬연구회
(로앤즈 제공)

법문북스

머 리 말

일상생활에서 우리는 무수한 금전대차관계나 기타 여러 금전 관련거래를 하고 있으며 인간으로서 사회생활을 하는 한 지속적으로 이러한 문제로부터 벗어날 수 없으며 그렇기 때문에 법적인 분쟁이 끊임없이 일어나게 됩니다.

하지만 이러한 모든 사건을 엄격한 재판절차에 의하게 된다면 분쟁 당사자는 물론 법원으로서도 큰 부담을 가질 수밖에 없습니다.

그렇기 때문에 우리의 법은 소액심판에 대하여 통상의 소송절차에 비하여 간이 신속한 소송절차를 마련해 놓고 있습니다.

실제로 소액심판의 경우 많은 금액이 아니라는 점, 상대방으로부터 차용증이나 법적문서를 받지도 않고 송금하여 인적사항을 알지 못하여 포기하는 분들이 많습니다.

그러나 이제는 간단한 절차를 거치면 상대방에 대한 인적사항은 물론이고 차용증이나 법적문서 없이도 소액심판을 활용하면 판결을 받을 수 있습니다.

우리 법문북스에서는 소액심판의 절차와 방법을 자세히 알려드리고 또 사실조회신청하는 방법을 제시하여 상대방의 인적사

항을 알아내고 쉽게 판결을 받아 못 받고 있는 돈을 쉽게 회수
할 수 있도록 소액심판을 적극 권장하고 싶습니다.

대한실무법률편찬연구회　18년 7월

차 례

1장 소액심판에 대하여

제1장/ 소액심판에 대하여,

제1절/

소액심판에 관하여 알아야할 사항

1. 소액심판을 청구하려면 먼저 채무자의 인적사항을 알아야 합니다.

첫째, 소액심판에는 피고에 대한 인적사항을 모르면 피고에게 소장부본과 소송안내서가 송달되지 않을 경우 법원에서 피고의 주소를 보정하라는 보정서를 받고도 피고의 주민등록을 조회할 수도 없습니다.

둘째, 피고의 인적사항이 소액심판 소장에 누락된 상태로 승소판결을 받고 확정되었다고 하더라도 피고의 주민등록번호가 판결문에 등재되어 있지 않으면 후일 동일인임을 증명할 수 없기 때문에 집행을 거부할 경우 강제집행을 할 수 없습니다.

2. 그러므로 원고로서는 소액심판 소장을 작성해 법원에 제출하면서 동시에 사실조회신청서를 제출하여 피고의 인적사항을 사실조회하고 당사자표시를 정정하여야 합니다.

3. 지급명령신청에서는 사실조회신청이 허용되지 않지만 소

액심판에서는 소장 제출과 동시에 사실조회를 신청하여 피고에 대한 인적사항을 조회할 수 있습니다.

제2절 /

소액심판에 대한 관할법원

소액심판의 사물관할은 지방법원 또는 지원의 단독판사가 관할하나, 시법원이나 군법원의 관할구역 안의 소액심판 사건은 시법원이나 군법원의 판사가 전속적으로 관할합니다.

소액심판의 토지관할은 피고의 보통재판적이 있는 곳의 지방법원이나 민사소송법 제7조 근무지, 제8조 거소지 또는 의무이행지, 제9조 어음 또는 수표의 지급지, 제12조 사무소 또는 영업소 소재지, 또는 제18조 불법행위지를 관할하는 지방법원의 관할로 되어 있습니다.

민사소송법 제8조에 따른 거소지 또는 의무이행지(대금은 대체물로서 지참재무의 원칙을 채택하고 있기 때문에 민법 제467조, 상법 제56조 참조) 법원이 관할법원으로 추가됨에 따라 원고는 자기의 주소지 지방법원이나 지원 또는 시법원이나 군법원에 소액심판을 제기할 수 있습니다.

현재 법원의 전산정보처리시스템에 의하여 소액심판을 전자적 처리로 절차가 진행되고 있습니다.

다만, 예외적으로 방문판매등에관한법률 제57조(독점규제 및 공정거래에 관한 법률의 준용), 할부거래에관한법률 제16조(소비자의 항변권)가 각기 소비자를 보호하기 위하여 소비자(매수인)의 주소, 거소지 관할법원을 전속관할로 규정하고 있습니다.

제3절 /

소액심판 소장에 첨부할 인지대 계산

소액심판 소장에는 인지를 붙여야 하는바, 붙여야할 인지액 계산은 소제기 시에 소송목적의 값을 정하여 이에 따른 인지액을 아래와 같이 산출한 후 그 해당액의 인지를 붙여야 합니다.

다만, 대법원 규칙이 정하는 바에 의하여 인지의 첨부에 갈음하여 당해 인지액 상당의 금액을 현금이나 신용카드 또는 직불카드 등으로 납부하게 할 수 있는바, 현행 규정으로는 소액심판에 첨부할 인지액이 10,000원 이상일 경우에는 현금으로 납부하여야 하고, 또한 인지액 상당의 금액을 현금으로 납부할 경우 이를 수납은행 또는 인지납부대행기관의 인터넷 홈페이지에서 인지납부대행기관을 통하여 신용카드 등으로도 납부할 수 있습니다.(민사소송 등 인지규칙 제27조 제1항 및 제28조의2 제1항)

1. 소송목적의 값이 1,000만 원 미만의 경우
소가×0.005= 인지액입니다.
　예를 들어 청구금액이 9,876,543원이면 9,876,543×0.005= 49,382원이 되는데 여기서 끝부분 100원 미만을 버리면 실제 납부할 인지는 49,300원이 됩니다.

2. 소송목적의 값이 1,000만원 이상 3,000만원 미만(소액심

판)의 경우

소가×0.0045+5,000= 인지액입니다.

 예를 들어 청구금액이 22,972,500원이면 22,972,500×0.0045 +5,000= 108,376원이 되는데 여기서 끝부분 100원 미만을 버리면 실제 납부할 인지는 108,300원이 됩니다.

 산출된 인지액이 1,000원 미만인 때에는 1,000원의 인지를 붙여야 하고, 1,000원 이상인 경우 100원 미만의 단수가 있는 때에는 그 단수는 계산하지 아니합니다.(인지법 제7조 제4항, 제2조 제2항 참조)

제4절 /

소액심판 소장에 예납하는 송달료 계산

소액심판 소장에는 송달료를 예납하여야 합니다.

송달료 1회분은 4,500원입니다.

소액심판 소장에는 송달료규칙처리에 따른 예규에 의하여 당사자 1인당 10회분을 예납시키고 있습니다.

송달료 계산은 원고1인 피고1인을 기준으로 하여 각 10회분씩 총 20회분의 금 90,000원의 송달료를 예납하고 그 납부서를 소액심판 소장에 첨부하면 됩니다.

여기서 당사자 1인 추가 시 추가 1인당 10회분의 금 45,000원의 송달료를 위 기준금액에 합산한 금액을 납부하고 소액심판 소장에 첨부하면 됩니다.

예를 들어 원고1인 피고3인의 경우 10회분×4인의 총 40회분의 금 180,000원의 송달료를 예납하고 그 납부서를 소액심판 소장에 첨부하면 됩니다.

제5절 /

소액심판 절차

가, 적용범위

　　소액심판의 대상 사건은 제소한 때의 소송목적의 값이 3,000만원을 초과하지 아니하는 금전, 기타 대체물이나 유가증권의 일정한 수량의 지급을 목적으로 하는 제1심 민사사건입니다.

　　따라서 소송목적의 값이 3,000만원 이하라고 하더라도 부동산인도청구, 소유권이전등기청구, 채무부존재확인청구 등의 비대체물은 소액심판에 해당하지 않습니다.

나, 일부청구의 제한

　　소액심판은 영세소액채권자의 권리구제를 위한 특례적인 절차임에 비추어 소액사건심판법의 적용을 받을 목적으로 다액의 채권을 분할하여 그 일부만을 청구할 수 없게 하였습니다.

　　이때에는 판결로 소를 각하합니다.

다. 이행권고결정 제도

　　법원은 소액심판 소장이 제기되면 결정으로 소액심판 소장부본이나 제소조서등본을 붙여 피고에게 청구취지대로 이행할 것을 권고할 수 있습니다.

　　다만, 지급명령이나 조정절차에서 이의신청에 의하여 소송절차로 이행된 때, 청구취지나 청구원인이 불명한 때, 그 밖에 이행권고를 하기에 적절하지 아니하다고 인정하는 때에는 이행권고결정을 하지 않습니다.

　　피고는 법원으로부터 이행권고결정을 송달받은 날부터 2주일(14일) 내에 서면으로 이의신청을 할 수 있습니다.

　　이행권고결정은 이의신청이 있으면 실효되고 법원은 지체 없이 변론기일을 지정하여야 합니다.

　　이의신청을 할 수 있는 2주간의 기간은 불변기간이므로 피고가 책임질 수 없는 부득이한 사유로 이의신청기간을 준수할 수 없었던 때에는 추후보완신청이 가능합니다.

　　이행권고결정은 피고가 기간 내에 이의신청을 하지 않거나 이의신청이 각하 또는 취하된 때에는 확정판결과 같은 효력을 가지고 이로써 소액심판은 모두 종료됩니다.

라, 신속한 변론기일 지정과 1회 변론종결

소액심판 소의 제기가 있는 경우에 판사는 바로 최초의 변론기일을 정할 수 있고, 되도록 1회의 변론기일로 심리를 마치도록 하여야 합니다.

이러한 목적을 달성하기 위하여 판사는 변론기일 전이라도 당사자로 하여금 증거신청을 하게 하는 등 필요한 조치를 취할 수 있습니다.

마, 근무시간 외 또는 공휴일 개정

판사는 필요한 경우 근무시간 외 또는 공휴일에도 개정할 수 있습니다.

이는 일용 근로자나 직장에 근무하는 사람들이 소액심판의 당사자 중 상당수인 점에 비추어 이들이 생업에 지장을 받지 않고 권리를 구제받을 수 있도록 보통의 일과 시간이 아닌 야간이나 공휴일에 개정하도록 한 것입니다.

바, 소송대리에 관한 특칙

소액심판에는 당사자의 배우자·직계혈족 또는 형제자매는 법원의 허가 없이도 소송대리인이 될 수 있습니다.

실무에서는 소송대리인은 당사자와의 신분관계와 수권관계를 서면으로 증명해야 하기 때문에 소송대리허가신청서에 서면을 첨부하여 법원에 제출하고 있습니다.

사, 무변론 청구기각

법원은 소액심판 소장·준비서면 기타 소송기록에 의하여 청구가 이유 없음이 명백한 때에는 변론 없이 청구를 기각할 수 있습니다.

그러나 필요한 자료의 제출이 없는 한 소액심판 소장의 심리만으로 청구의 당부를 판단하는 것에 상당한 부담이 있어 실무에서는 거의 이루어지지 않고 있습니다.

아, 변론갱신의 예외

소액심판은 갑자기 인사이동 등으로 판사의 경질이 있는 경우라도 변론의 갱신 없이 판결을 할 수 있습니다.

자, 조서의 기재 생략

소액심판의 조서는 당사자의 이의가 있는 경우를 제외하고 판사의 허가가 있는 때에는 이에 기재할 사항을 생략할 수 있습니다.

그러나 소송 도중 판사가 경질되거나 당사자의 항소가 제기된 경우 등에 대비할 필요가 있고, 증인신문조서 기재를 생략하면 항소심에서 다시 증인신문을 해야 하는 불편이 있으므로 실무에서는 대부분 조서를 작성하고 있습니다.

차, 판사에 의한 증인신문

소액심판에서 증인은 판사가 신문을 하며, 당사자는 판사에게 고하고 신문할 수 있습니다.

이는 당사자가 증인신문에 익숙하지 못하여 소액심판의 쟁점을 파악하고 있는 판사가 직접 신문함으로써 증인신문의 실효성을 거두려는 취지입니다.

카, 증인·감정인 등에 대한 서면신문

판사는 상당하다고 인정하는 때에는 증인 또는 감정인의 신문에 갈음하여 서면을 제출하게 할 수 있습니다.

이는 소액심판의 측성을 고려하여 증인신문에 들어가는 시간을 줄이고, 증인이나 감정인이 법정에 출석해야 하는 번거로움을 줄이려는 취지입니다.

타, 원격영상재판

　　소액심판은 재판관계인이 교통의 불편 등으로 법정에 직접 출석하기 어려운 경우에 동영상과 음성을 동시에 송수신하는 장치가 갖추어진 다른 원격지의 법정에 출석하여 진행하는 재판을 받을 수 있습니다.

　　소액심판은 시법원이나 군법원의 관할에 속하므로 원격영상재판의 대상이 됩니다.

파, 판결에 관한 특례

　　소액심판에 대한 판결의 선고는 변론종결 후 즉시 할 수 있습니다.

　　소액심판의 판결을 선고함에는 주문을 낭독하고 주문이 정당함을 인정할 수 있는 범위 안에서 그 이유의 요지를 구술로 설명하여야 합니다.

　　대신 판결서에는 이유를 기재하지 아니할 수 있습니다.

제6절 소액심판 소장 실전 사례

【대여금청구1】 대여금청구 온라인으로 200만원을 송금대여하였는데 변제기일이 지나도록 변제하지 않아 이자와 원금의 지급을 청구하는 사례

소   장

채 권 자 : ○   ○   ○

채 무 자 : ○   ○   ○

대여금 청구의 소

소송물 가액금	금	2,000,000 원
첨부할 인지액	금	10,000 원
첨부한 인지액	금	10,000 원
납부한 송달료	금	90,000 원
비 고		

부산지방법원 동부지원 귀중

소 장

1. 원고

성 명	○ ○ ○	주민등록번호	생략
주 소	부산시 해운대구 ○○로 ○○길 ○○○, ○○○호		
직 업	상업	사무실 주 소	생략
전 화	(휴대폰) 010 - 9877 - 0000		
기타사항	이 사건 채권자입니다.		

2. 피고

성 명	○ ○ ○	주민등록번호	생략
주 소	경상남도 양산시 ○○로○○길 ○○○, ○○○호		
직 업	상업	사무실 주 소	생략
전 화	(휴대폰) 010 - 1298 - 0000		
기타사항	이 사건 채무자입니다.		

3. 대여금 청구의 소

청구취지

1. 피고는 원고에게 금 2,000,000원 및 이에 대하여 ○○○○. ○○. ○○.부터 소장부본이 송달된 날까지는 연 5%의, 그 다음날부터 다 갚는 날까지 연 15%의 비율에 의한 금원을 지급하라.

2. 소송비용은 피고의 부담으로 한다.

3. 위 제1항은 가집행할 수 있다.

라는 판결을 구합니다.

청구원인

1. 원고는 ○○○○. ○○. ○○. 피고의 간곡한 요청에 의하여 피고의 거래은행 계좌번호 ○○은행 ○○○-○○-○○○○○○으로 1회에 걸쳐 2,000,000원을 송금하여 대여하였으나 변제하기로 한 지급기일이 훨씬 지나도록 이를 변제하지 않고 있습니다.

2. 따라서 원고는 피고로부터 위 대여금 2,000,000원 및 이에 대한 ○○○○. ○○. ○○.부터 이 사건 소장부본이 송달된 날까지는 연 5%의, 그 다음날부터 다 갚는 날까지는 소송촉진등에관한특례법에서 정한 연 15%의 각 비율에 의한 지연손해금의 지급을 받기 위하여 이 사건 청구에 이르렀습니다.

소명자료 및 첨부서류

1. 갑 제1호증   온라인송금영수증

○○○○ 년 ○○ 월 ○○ 일

위 원고 : ○   ○   ○   (인)

부산지방법원 동부지원 귀중

접수방법

1. 관할법원

이 사건은 대여금 청구이므로 의무이행지인 원고의 주소지인 부산지방법원 동부지원이 관할법원이고, 피고의 보통재판적 주소지는 울산지방법원 양산시법원이 관할법원이기 때문에 원고는 아래의 관할법원에서 유리한 곳을 선택하여 소액심판 소장을 제출하시면 됩니다.

부산지방법원 동부지원
부산광역시 해운대구 재반로 112번길 20번(재송동 1133)
전화번호 051) 780 - 1114

울산지방법원 양산시법원
경상남도 양산시 북안남5길 12,(북부동 373)
전화번호 055) 372 - 6291

2. 수입인지 계산

이 사건은 청구금액이 금 2,000,000이므로 2,000,000×0.005 = 10,000원입니다.

다만, 대법원 규칙이 정하는 바에 의하여 인지의 첩부에 갈음하여 당해 인지액 상당의 금액을 현금이나 신용카드 또는 직불카드 등으로 납부하게 할 수 있는바, 현행 규정으로는 소액심판에 첨부할 인지액이 10,000원 이상일 경우에는 현금으로 납부하여야 하고, 또한 인지액 상당의 금액을 현금으로 납부할 경우 이를 수납은행 또는 인지납부대행기관의 인터넷 홈페이지에서 인지납부대행기관을 통하여 신용카드 등으로도 납부할 수 있습니다.(민사소송 등 인지규칙 제27조 제1항 및 제28조의2 제1항)

산출된 인지액이 1,000원 미만인 때에는 1,000원의 인지를 붙여야 하고, 1,000원 이상인 경우 100원 미만의 단수가 있는 때에는 그 단수는 계산하지 아니합니다.

3. 송달요금 계산

송달료는 1회분이 4,500원입니다.

소액심판 소장에는 원고1인, 피고1인을 기준으로 하여 각 10회분씩 총 20회분의 금 90,000원의 송달료를 예납하고 그 납부서를 소액심판 소장에 첨부합니다.

4. 준비서류

1) 소장(법원용) 1통, 소장(당사자용) 1통, 2) 갑 제1호증(온라인송금영수증) 소장 말미에 첨부, 3) 수입인지 납부서 1통, 4) 송달료 납부서 1통 첨부

5. 제출하는 방법

원고는 갑 제1호증의 온라인송금영수증을 첨부한 소장 2통을 작성하여야 합니다.

소장을 부산지방법원 동부지원에 접수할 경우 법원 안에 수납은행이 상주하고 있으므로 그 수납은행의 창구에서 인지(소송등 인지의 현금납부서) 3장으로 구성된 것을 작성하고, 송달료(예납·추납)납부서 3장으로 구성된 것을 같이 작성해 내시면 수납창구에서 인지에 대해서는 소송등 인지의 현금영수필확인서와 같은 영수증을 돌려주고 송달료에 대해서는 법원제출용과 영수증을 주면 영수증들은 잘 보관하시고 종합민원실로 가서 소장접수(소액)에 내시면접수한 년도에 '가소'로 된 사건번호를 적어오면 그 다음날 오후부터 대법원 나의 사건 검색창에서 위 사건번호로 사건진행상황을 확인할 수 있습니다.

소장을 울산지방법원 양산시법원에 접수할 경우 법원 안에 수납은행이 상주하지 않으므로 양산시법원 전화번호 055) 372-6291으로 전화하여 수납은행의 위치를 확인하고 수납은행으로 이동하면 수납은행의 창구에 인지(소송등 인지의 현금납부서) 3장으로 구성된 것을 작성하고 송달료(예납·추납)납부서 3장으로 구성된 용지를 작성해 내면 수납창구에서 인지에 대해서는 소송등 인지의 현금영수필확인서와 같은 영수증을 돌려주고 송달료에 대해서는 법원제출용과 영수증을 주면 영수증은 잘 보관하시고 양산시 법원으로 가서 접수창구에 내시면 접수한 년도 '가소' 몇 호로 된 사건번호를 적어오면 그 다음날 오후부터 대법원 나의 사건 검색창에서 위 사건번호로 사건진행상황을 확인할 수 있습니다.

또한 직접 법원으로 가실 수 없는 경우에는 위와 같이 소장 2통을 작성하여 소송등 인지의 현금납부서와 송달료 예납·추납 납부서에 의하여 납부한 납부서를 첨부하여 가까운 우체국으로 가서 위 법원의 주소지로 발송하고 3일 후 해당법원으로 전화하여 사건번호를 물어보시면 사건번호를 알려줍니다.

【대여금청구2】 대여금청구 차용증도 없이 돈을 빌려줬는데 약속기한이 지났음에도 변제하지 않아 내용증명서를 보내 독촉하고 원리금의 지급을 청구하는 사례

소   장

원   고 :   ○   ○   ○

피   고 :   ○   ○   ○

대여금 청구의 소

소송물 가액금	금	7,000,000원
첨부할 인지액	금	35,000원
첨부한 인지액	금	35,000원
납부한 송달료	금	90,000원
비 고		

대전지방법원 홍성지원 귀중

소　　　　장

1. 원고

성　　　명	○ ○ ○	주민등록번호	생략
주　　　소	충청남도 홍성군 홍성읍 ○○로 ○○(월산리)		
직　　　업	상업	사무실 주 소	생략
전　　　화	(휴대폰) 010 - 7786 - 0000		
대리인에 의한 청　　　구	□ 법정대리인 (성명 :　　, 　연락처　　　) □ 소송대리인 (성명 : 변호사, 연락처　　　)		

2. 피고

성　　　명	○ ○ ○	주민등록번호	생략
주　　　소	충청남도 예산군 예산읍 벚꽃로 ○○○, ○○호		
직　　　업	농업	사무실 주 소	생략
전　　　화	(휴대폰) 010 - 1345 - 0000		
기타사항	이 사건 채무자입니다.		

3. 대여금 청구의 소

청구취지

1. 피고는 원고에게 금 7,000,000원 및 이에 대하여 ○○○○.
　○○. ○○.부터 소장부본이 송달된 날까지는 연 5%의, 그

다음날부터 다 갚는 날까지 연 15%의 비율에 의한 금원을
지급하라.

2. 소송비용은 피고의 부담으로 한다.

3. 위 제1항은 가집행할 수 있다.

라는 판결을 구합니다.

청 구 원 인

1. ○○○○. ○○. ○○. 피고가 원고에게 찾아와서 금 7,000,000
   원을 빌려주면 사과를 수확하여 바로 갚겠다는 말을 믿고 차
   용증도 받지 않고 돈을 빌려주었습니다.

2. 그런데 피고는 자신이 재배하던 사과는 수확이 이미 끝났음에
   도 불구하고 위 대여금을 지급하지 않아 원고는 피고에게 ○
   ○○○. ○○. ○○. 내용증명을 발송하고 위 대여금을 변제
   해 달라고 독촉하였으나 피고는 지금까지 이에 응하지 않고
   있습니다.

3. 따라서 원고는 피고에게 위 대여금 7,000,000원 및 이에 대한
   변제하기로 한 그 다음날인 ○○○○. ○○. ○○.부터 소장
   부본이 송달된 날까지는 연 5%의, 그 다음날부터 다 갚는 날
   까지 소송촉진등에관한특례법에서 정한 연 15%의 비율에 의
   한 금원을 지급받기 위하여 이 사건 청구에 이른 것입니다.

소명자료 및 첨부서류

1. 갑 제1호증   내용증명서
1. 송달료납부서
1. 인지납부확인서

○○○○ 년 ○○ 월 ○○ 일

위 원고 : ㅇ ㅇ ㅇ   (인)

대전지방법원 홍성지원 귀중

접수방법

1. 관할법원

이 사건은 대여금 청구이기 때문에 원고의 주소지 관할법원은 대전지방법원 홍성지원이고, 피고의 주소지 관할법원은 대전지방법원 홍성지원 예산군법원이므로 원고는 아래의 관할법원 중에서 유리한 곳으로 선택하여 소액심판 소장을 접수할 수 있습니다.

　　1) 대전지방법원 홍성지원

　　　　충청남도 홍성군 홍성읍 법원로 38,(월산리 848)

　　　　전화 041) 640 - 3100

　　2) 대전지방법원 홍성지원 예산군법원

　　　　충청남도 예산군 예산읍 벚꽃로 145(산성리 674-1)

　　　　전화 041) 334 - 4387

2. 수입인지 계산

이 사건의 청구금액은 금 7,000,000원이므로 7,000,000×0.005 = 35,000원입니다.

다만, 대법원 규칙이 정하는 바에 의하여 인지의 첩부에 갈음하여 당해 인지액 상당의 금액을 현금이나 신용카드 또는 직불카

드 등으로 납부하게 할 수 있는바, 현행 규정으로는 소액심판에 첨부할 인지액이 10,000원 이상일 경우에는 현금으로 납부하여야 하고, 또한 인지액 상당의 금액을 현금으로 납부할 경우 이를 수납은행 또는 인지납부대행기관의 인터넷 홈페이지에서 인지납부대행기관을 통하여 신용카드 등으로도 납부할 수 있습니다.(민사소송 등 인지규칙 제27조 제1항 및 제28조의2 제1항)

산출된 인지액이 1,000원 미만인 때에는 1,000원의 인지를 붙여야 하고, 1,000원 이상인 경우 100원 미만의 단수가 있는 때에는 그 단수는 계산하지 아니합니다.

3. 송달요금 계산

송달료는 1회분이 4,500원입니다.

이 사건 소액심판 소장에는 원고1인, 피고1인을 기준으로 하여 각 10회분씩 총 20회분의 금 90,000원의 송달료를 예납하고 그 납부서를 첨부하시면 됩니다.

4. 준비서류

1) 소장(법원용) 1통, 소장(당사자용) 1통, 2) 갑 제1호증(내용증명서)를 소장 말미에 첨부, 3) 수입인지 납부서 1통, 4) 송달료 납부서 1통 첨부

5. 제출하는 방법

원고는 먼저 갑 제1호증의 내용증명서를 첨부한 소장 2통을 작성하여야 합니다.

소장을 대전지방법원 홍성지원으로 낼 경우 법원 안에 있는 수납은행으로 가시면 인지(소송등 인지의 현금납부서) 3장으로 구성된 용지와 송달료(예납·추납 납부서) 3장으로 구성된 용지를 같이 작성해 수납은행 창구에 내시면 수납창구에서 인지에 대해서는 소송등 인지의 현금영수필확인서와 영수증을 송달료에 대해서는 법원제출용과 영수증을 주면 영수증은 잘 보관하시고 종합민원실에 내시면 사건번호 접수한 년도 '가소'로 된 번호를 적어오시면 그 다음날 오후부터 대법원 나의 사건 검색창에서 위 사건번호로 사건진행상황을 확인할 수 있습니다.

대전지방법원 홍성지원 예산군법원으로 낼 경우 예산군법원에는 수납은행이 상주하지 않으므로 예산군법원 전화번호 041) 334-4387으로 전화하여 수납은행의 위치를 확인하고 수납은행으로 가시면 인지(소송등 인지의 현금납부서) 3장으로 구성된 용지와 송달료(예납·추납 납부서) 3장으로 구성된 용지를 같이 작성해 수납은행 창구에 내시면 수납창구에서 인지에 대해서는 소송등 인지의 현금영수필확인서와 영수증을 송달료에 대해서는 법원제출용과 영수증을 주면 영수증은 잘 보관하시고 예산군법원에 내시면 사건번호 '가소' 자로 된 번호를 적어오시면 그 다음날 오후부터 대법원 나의 사건 검색창에서 위 사건번호로 사건진행상황을 확인할 수 있습니다.

또한 직접 법원으로 가실 수 없는 경우에는 위와 같이 소장 2통을 작성하여 소송등 인지의 현금납부서와 송달료 예납·추납 납부서에 의하여 납부한 납부서를 첨부하여 가까운 우체국으로 가서 위 법원의 주소지로 발송하고 3일 후 해당법원으로 전화하여 사건번호를 물어보시면 사건번호를 알려줍니다.

【대여금청구3】 대여금청구 시장에서 같이 장사하는 사람에게 300만원을 차용증도 없
이 빌려줬는데 변제기일이 지나도록 변제하지 않아 원리금을 청구하
는 사례

소   장

원   고 :   ○   ○   ○

피   고 :   ○   ○   ○

대여금 청구의 소

소송물 가액금	금	3,000,000원
첨부할 인지액	금	15,000원
첨부한 인지액	금	15,000원
납부한 송달료	금	90,000원
비 고		

평택지원 안성시법원 귀중

소　　　　장

1.원고

성　명	○ ○ ○	주민등록번호	생략
주　소	경기도 안성시 안성맞춤대로 ○○○,(당왕동)		
직　업	상업	사무실 주　소	생략
전　화	(휴대폰) 010 - 7765 - 0000		
대리인에 의한 청　구	□ 법정대리인 (성명 :　　　,　　연락처　　　　) □ 소송대리인 (성명 : 변호사, 연락처　　　　)		

2.피고

성　명	○ ○ ○	주민등록번호	생략
주　소	경기도 평택시 ○○로 ○○, ○○○호(동삭동)		
직　업	상업	사무실 주　소	알지 못합니다.
전　화	(휴대폰) 010 - 2239 - 0000		
기타사항	이 사건 채무자입니다.		

3.대여금 청구의 소

청구취지

1. 피고는 원고에게 금 3,000,000원 및 이에 대하여 ○○○○.
　　○○. ○○.부터 소장부본이 송달된 날까지는 연 5%의, 그

다음날부터 다 갚는 날까지 연 15%의 비율에 의한 금원을 지급하라.

2. 소송비용은 피고의 부담으로 한다.

3. 위 제1항은 가집행할 수 있다.

라는 판결을 구합니다.

청 구 원 인

1. 원고와 피고는 서로 같은 안성 ○○시장에서 장사를 하고 있는데 피고가 ○○○○. ○○. ○○. 원고에게 찾아와서 금 3,000,000원을 빌려주면 거래처에서 수금하면 최소한 한 달 안에 갚겠다고 해서 원고가 때마침 보관하던 돈을 피고에게 빌려주었습니다.

2. 그런데 피고는 한 달이 지나고 벌써 5개월이 지나도록 위 대여금을 지급하지 않아 수시로 찾아가 피고에게 독촉하고 하물며 문자메시지까지 보내면서 변제를 요구하였으나 이제는 아예 원고의 전화도 받지 않고 지금까지 변제하지 않고 있습니다.

3. 따라서 원고는 피고에게 위 대여금 3,000,000원 및 이에 대한 변제하기로 약속한 그 다음날인 ○○○○. ○○. ○○.부터 소장부본이 송달된 그 다음날부터 다 갚는 날까지 소송촉진등에 관한특례법에서 정한 연 15%의 비율에 의한 금원의 지급을 구하기 위하여 이 사건 청구에 이른 것입니다.

소명자료 및 첨부서류

1. 갑 제1호증   문자메시지 내용

1. 송달료납부서

1. 인지납부확인서

〇〇〇〇 년 〇〇 월 〇〇 일

위 원고 : 〇 〇 〇 (인)

평택지원 안성시법원 귀중

접수방법

1. 관할법원

이 사건은 대여금 청구이므로 원고의 주소지 관할법원은 수원지방법원 평택지원 안성시법원이고, 피고의 주소지 관할법원은 수원지방법원 평택지원이므로 원고는 아래의 관할법원 중에서 유리한 곳으로 선택하여 소액심판 소장을 접수할 수 있습니다.

    1) 수원지방법원 평택지원 안성시법원

       경기도 안성시 안성맞춤대로 1188(당왕동)

       전화 031) 673 - 8596

    2) 수원지방법원 평택지원

       경기도 평택시 평남로 1036(동삭동)

       전화 031) 650 - 3114

2. 수입인지 계산

이 사건의 청구금액은 금 3,000,000원이므로 3,000,000×0.005 = 15,000원입니다.

다만, 대법원 규칙이 정하는 바에 의하여 인지의 첩부에 갈음하여 당해 인지액 상당의 금액을 현금이나 신용카드 또는 직불카드 등으로 납부하게 할 수 있는바, 현행 규정으로는 소액심판에 첩부할 인지액이 10,000원 이상일 경우에는 현금으로 납부하여야 하고, 또한 인지액 상당의 금액을 현금으로 납부할 경우이를 수납은행 또는 인지납부대행기관의 인터넷 홈페이지에서 인지납부대행기관을 통하여 신용카드 등으로도 납부할 수 있습니다.(민사소송 등 인지규칙 제27조 제1항 및 제28조의2 제1항)

산출된 인지액이 1,000원 미만인 때에는 1,000원의 인지를 붙여야 하고, 1,000원 이상인 경우 100원 미만의 단수가 있는 때에는 그 단수는 계산하지 아니합니다.

3. 송달요금 계산

송달료는 1회분이 4,500원입니다.

이 사건 소장에는 송달료를 예납하여야 하는바, 송달료금 계산은 원고1인, 피고1인을 기준으로 하여 각 10회분씩 총 20회분의 금 90,000원의 송달료를 예납하고 그 납부서를 소액심판 소장에 첨부합니다.

4. 준비서류

1) 소장(법원용) 1통, 소장(당사자용) 1통, 2) 갑 제1호증 문자메시지 내용을 소장 말미에 첨부, 3) 수입인지 납부서 1통,

4) 송달료 납부서 1통 첨부

5. 제출하는 방법

　　원고는 먼저 갑 제1호증의 문자메시지를 첨부한 소장 2통을 작성하여야 합니다.

　　수원지방법원 평택지원 안성시법원으로 낼 경우 경기도 안성시 안성맞춤대로 1188(당왕동)에 있는 안성시법원(전화 031) 673-8596)에는 수납은행이 상주하지 않으므로 법원으로 전화하여 수납은행의 위치를 확인하고 수납은행으로 가시면 인지(소송등 인지의 현금납부서) 3장으로 구성된 용지와 송달료(예납·추납)납부서 3장으로 구성된 용지를 같이 작성해 수납은행 창구에 내시면 수납창구에서 인지에 대해서는 소송등 인지의 현금영수필확인서와 영수증을 송달료에 대해서는 법원제출용과 영수증을 주면 영수증은 잘 보관하시고 수원지방법원 평택지원 안성시법원에 내시면 사건번호 접수한 년도 '가소'로 된 번호를 적어오시면 그 다음날 오후부터 대법원 나의 사건검색에서 위 사건번호로 채무자에게 송달 등의 여부 및 사건진행상황을 확인할 수 있습니다.

　　수원지방법원 평택지원으로 낼 경우 경기도 평택시 평남로 1036(동삭동)에 있는 수원지방법원 평택지원(전화 031) 650-3114) 안에 수납은행으로 가시면 인지(소송등 인지의 현금납부서) 3장으로 구성된 용지와 송달료(예납·추납)납부서 3장으로 구성된 용지를 같이 작성해 수납은행 창구에 내시면 수납창구에서 인지에 대해서는 소송등 인지의 현금영수필확인서와 영수증을 송달료에 대해서는 법원제출용과 영수증을 주면 영수증은 잘 보관하시고 수원지방법원 평택지원에 내시면 사건번호 접수한 년도 '가소'로 된 번호를 적어오시면 그 다음날 오후부터 대법원 나의 사건 검색창에서 위 사건번호로 사건진행상황을 모두 확인할 수 있습니다.

또한 직접 법원으로 가실 수 없는 경우에는 위와 같이 소장 2통을 작성하여 소송등 인지의 현금납부서와 송달료 예납·추납 납부서에 의하여 납부한 납부서를 첨부하여 가까운 우체국으로 가서 위 법원의 주소지로 발송하고 3일 후 해당법원으로 전화하여 사건번호를 물어보시면 사건번호를 알려줍니다.

소　　　　장

채 권 자 :　○　　　○　　　○

채 무 자 :　○　　○　　○ 외1

소송물 가액금	금	17,000,000원
첨부할 인지액	금	81,500원
첨부한 인지액	금	81,500원
납부한 송달료	금	135,000원
비　　　　고		

대구지법 상주지원 문경시법원 귀중

소   장

1. 원고

성 명	○ ○ ○	주민등록번호	생략
주 소	경상북도 문경시 ○○로 ○○, ○○○호		
직 업	상업	사무실 주 소	생략
전 화	(휴대폰) 010 - 2489 - 0000		
대리인에 의한 청 구	□ 법정대리인 (성명 : , 연락처) □ 소송대리인 (성명 : 변호사, 연락처)		

2. 피고1

성 명	○ ○ ○	주민등록번호	생략
주 소	경상북도 김천시 ○○로 ○○○, ○○○-○○○호		
직 업	상업	사무실 주 소	생략
전 화	(휴대폰) 010 - 1567 - 0000		
기타사항	이 사건 채무자1입니다.		

피고2

성 명	○ ○ ○	주민등록번호	생략
주 소	경상북도 상주시 ○○로길 ○○, ○○○호		
직 업	상업	사무실 주 소	생략
전 화	(휴대폰) 010 - 7988 - 0000		
기타사항	이 사건 채무자2입니다.		

3. 대여금 청구의 소

청구취지

1. 피고들은 연대하여 원고에게 금 17,000,000원 및 이에 대하여 ○○○○. ○○. ○○.부터 소장부본이 송달된 날까지는 연 5%의, 그 다음날부터 다 갚는 날까지 연 15%의 비율에 의한 금원을 지급하라.
2. 소송비용은 피고의 부담으로 한다.
3. 위 제1항은 가집행할 수 있다.

라는 판결을 구합니다.

청구원인

1. 피고1은 피고2의 보증아래 원고로부터 ○○○○. ○○. ○○. 금 17,000,000원을 차용하면서 ○○○○. ○○. ○○.까지 변제하기로 약정하는 차용증서를 작성하여 원고에게 교부하였으나 변제기일이 훨씬 지난 현재에 이르기까지 이를 지급하지 않고 있습니다.

2. 이에 원고는 피고1과 피고2에게 수시로 전화도 하고 찾아가서 변제를 독촉하였으나 아랑곳하지 않고 이를 변제하지 않았습니다.

3. 따라서 원고는 피고들로부터 위 대여금 17,000,000원 및 이에

대한 변제하기로 한 그 다음날인 ○○○○. ○○. ○○.부터 이 사건 소장부본이 송달 된 날까지는 연 5%의, 그 다음날부터 다 갚는 날까지는 소송촉진 등에 관한 특례법에서 정한 연 15%의 각 비율에 의한 금원의 지급을 받기 위하여 이 사건 청구에 이른 것입니다.

소명자료 및 첨부서류

1. 갑 제1호증   차용증서
1. 송달료납부서
1. 인지납부확인서

○○○○ 년 ○○ 월 ○○ 일

위 원고 : ○   ○   ○   (인)

대구지법 상주지원 문경시법원 귀중

접수방법

1. 관할법원

　이 사건은 대여금 청구이므로 원고의 주소지 관할법원은 대구지방법원 상주지원 문경시법원이고, 피고1의 주소지 관할법원은 대구지방법원 김천지원이고, 피고2의 주소지 관할법원은 대구지방법원 상주지원이므로 원고로서는 아래의 관할법원 중에서 유리한 곳으로 선택하여 소액심판 소장을 접수할 수 있습니다.

　1) 대구지방법원 상주지원 문경시법원
　　경상북도 문경시 매봉로91,(모전동 666-3)
　　전화 054) 555 - 9484,5

　2) 대구지방법원 김천지원
　　경상북도 김천시 물망골길 39,(삼락동 1225)
　　전화 054) 420 - 2114

　3) 대구지방법원 상주지원
　　경상북도 상주시 북천로 17-9(만산동 652-2)
　　전화 054) 530 - 5500

2. 수입인지 계산

이 사건의 청구금액은 금 17,000,000원이므로 17,000,000×0.045 +5,000= 81,500원입니다.

다만, 대법원 규칙이 정하는 바에 의하여 인지의 첩부에 갈음하여 당해 인지액 상당의 금액을 현금이나 신용카드 또는 직불카드 등으로 납부하게 할 수 있는바, 현행 규정으로는 소액심판에 첩부할 인지액이 10,000원 이상일 경우에는 현금으로 납부하여야 하고, 또한 인지액 상당의 금액을 현금으로 납부할 경우 이를 수납은행 또는 인지납부대행기관의 인터넷 홈페이지에서 인지납부대행기관을 통하여 신용카드 등으로도 납부할 수 있습니다.(민사소송 등 인지규칙 제27조 제1항 및 제28조의2 제1항)

산출된 인지액이 1,000원 미만인 때에는 1,000원의 인지를 붙여야 하고, 1,000원 이상인 경우 100원 미만의 단수가 있는 때에는 그 단수는 계산하지 아니합니다.

3. 송달요금 계산

송달료는 1회분이 4,500원입니다.

이 사건 소액심판 소장에는 송달료를 예납하여야 하는바, 송달료 계산은 원고1인, 피고1인을 기준으로 하여 각 10회분씩 총

20회분 금 90,000원인데 이 사건에는 피고가 2인이므로 총 30회분 금 135,000원의 송달료를 예납하고 그 납부서를 소장에 첨부합니다.

4. 준비서류

1) 소장(법원용) 1통, 소장(당사자용) 2통, 2) 갑 제1호증(차용증서)를 소장 말미에 첨부, 3) 수입인지 납부서 1통, 4) 송달료 납부서 1통 첨부

5. 제출하는 방법

원고는 갑 제1호증의 차용증서를 첨부한 소장 3통을 작성하여야 합니다.

대구지방법원 상주지원 문경시법원으로 낼 경우 경상북도 문경시 매봉로91,(모전동 666-3)에 있는 문경시법원(전화 054) 555-9484,5)에는 수납은행이 상주하지 않으므로 문경시법원으로 전화하여 수납은행의 위치를 확인하고 수납은행으로 가시면 인지(소송등 인지의 현금납부서) 3장으로 구성된 용지와 송달료(예납·추납)납부서 3장으로 구성된 용지를 같이 작성해 수납은행 창구에 내시면 수납창구에서 인지에 대해서는 소송등 인지의 현금영수필확인서와 영수증을 송달료에 대해서는 법원제출용과 영수증을 주면 영수증은 잘 보관하시고 문경시법원에 내시면 사건번호 접수한 년도 '가소'로 된 번호를 적어오시면 그 다음날 오후부터 대법원 나의 사건 검색에서 위

사건번호로 피고들에게 송달 등의 여부 및 사건진행상황을 모두 확인할 수 있습니다.

대구지방법원 김천지원으로 낼 경우 경상북도 김천시 물망골길 39,(삼락동 1225) 김천지원(전화 054) 420-2114) 안에는 수납은행이 상주하므로 수납은행으로 가시면 인지(소송등 인지의 현금납부서) 3장으로 구성된 용지와 송달료(예납·추납)납부서 3장으로 구성된 용지를 같이 작성해 수납은행 창구에 내시면 수납창구에서 인지에 대해서는 소송등 인지의 현금영수필확인서와 영수증을 송달료에 대해서는 법원제출용과 영수증을 주면 영수증은 잘 보관하시고 김천지원에 내시면 사건번호 접수한 년도 '가소'로 된 번호를 적어오시면 그 다음날 오후부터 대법원 나의 사건 검색창에서 위 사건번호로 사건진행상황을 확인할 수 있습니다.

대구지방법원 상주지원으로 낼 경우 경상북도 상주시 북천로 17-9(만산동 652-2)에 있는 상주지원(전화 054) 530-5500) 안에는 수납은행이 상주하고 있으므로 수납은행으로 가시면 인지(소송등 인지의 현금납부서) 3장으로 구성된 용지와 송달료(예납·추납)납부서 3장으로 구성된 용지를 같이 작성해 수납은행 창구에 내시면 수납창구에서 인지에 대해서는 소송등 인지의 현금영수필확인서와 영수증을 송달료에 대해서는 법원제출용과 영수증을 주면 영수증은 잘 보관하시고 상주지원에 내시면 사건번호 접수한 년도 '가소'로 된 번호를 적어오시면 그 다음날 오후부터 대법원 나의 사건 검색창에서 위 사건번호로 사건진행상황을 확인할 수 있습니다.

또한 직접 법원으로 가실 수 없는 경우에는 위와 같이 소장 3통을 작성하여 소송등 인지의 현금납부서와 송달료 예납·추납 납부서에 의하여 납부한 납부서를 첨부하여 가까운 우체국으로 가서 위 법원의 주소지로 발송하고 3일 후 해당법원으로 전화하여 사건번호를 물어보시면 사건번호를 알려줍니다.

소   장

원 고 : ○   ○   ○

피 고 : ○   ○   ○

대여금 청구의 소

소송물 가액금	금	30,000,000원
첨부할 인지액	금	140,000원
첨부한 인지액	금	140,000원
납부한 송달료	금	90,000원
비 고		

청주지방법원 충주지원 귀중

소 장

1. 원고

성　명	○ ○ ○	주민등록번호	생략
주　소	충청북도 충주시 ○○로 ○○, ○○○-○○○호		
직　업	상업	사무실 주　소	생략
전　화	(휴대폰) 010 - 9876 - 0000		
대리인에 의한 청　구	□ 법정대리인 (성명 :　　　,　　연락처　　　　　) □ 소송대리인 (성명 : 변호사, 연락처　　　　　)		

2. 피고

성　명	○ ○ ○	주민등록번호	생략
주　소	충청북도 충주시 ○○로○길 ○○, ○○○호		
직　업	상업	사무실 주　소	생략
전　화	(휴대폰) 010 - 1345 - 0000		
기타사항	이 사건 채무자입니다.		

3. 대여금 청구의 소

청구취지

1. 피고는 원고에게 금 30,000,000원 및 이에 대하여 ○○○○.
　○○. ○○.부터 소장부본이 송달된 날까지는 연 24%의, 그

다음날부터 다 갚는 날까지 연 15%의 비율에 의한 금원을 지급하라.

2. 소송비용은 피고의 부담으로 한다.

3. 위 제1항은 가집행할 수 있다.

라는 판결을 구합니다.

청구원인

1. 원고는 피고의 요청에 의하여 ○○○○. ○○. ○○. 금 30,000,000원을 대여하고 변제기일은 ○○○○. ○○. ○○. 이자는 월 2.0%으로 정하고 이에 대한 증표로 현금보관증을 교부받았습니다.

2. 원고는 위 대여금에 대한 변제기일이 훨씬 지나도록 계속해서 미루기만 할뿐 현재에 이르기까지 위 대여금을 지급하지 않았습니다.

3. 따라서 원고는 피고로부터 위 대여금 30,000,000원 및 이에 대한 ○○○○. ○○. ○○.부터 이 사건 소장부본을 송달 받는 날까지는 약정한 이자인 연 24%(계산의 편의상 월 2.0%를 연단위로 환산하였습니다), 그 다음날부터 다 갚는 날까지는 소송촉진등에 관한특례법에서 정한 연 15%의 각 비율에 의한 금원의 지급을 받기 위하여 이 사건 청구에 이른 것입니다.

소명자료 및 첨부서류

1. 갑 제1호증   현금보관증

1. 송달료납부서

1. 인지납부확인서

○○○○ 년 ○○ 월 ○○ 일

위 원고 : ○   ○   ○   (인)

청주지방법원 충주지원 귀중

접수방법

1. 관할법원

　　이 사건은 대여금 청구로서 원고나 피고 모두 주소지 관할법원은 청주지방법원 충주지원입니다.

　　1) 청주지방법원 충주지원
　　　충청북도 충주시 계명대로 103,(교현2동 720-2)
　　　전화 043) 841 - 9119

2. 수입인지 계산

　　이 사건의 청구금액은 금 30,000,000원이므로 30,000,000×0.045+5,000= 140,000원입니다.

　　다만, 대법원 규칙이 정하는 바에 의하여 인지의 첩부에 갈음하여 당해 인지액 상당의 금액을 현금이나 신용카드 또는 직불카드 등으로 납부하게 할 수 있는바, 현행 규정으로는 소액심판에 첩부할 인지액이 10,000원 이상일 경우에는 현금으로 납부하여야 하고, 또한 인지액 상당의 금액을 현금으로 납부할 경우 이를 수납은행 또는 인지납부대행기관의 인터넷 홈페이지에서 인지납부대행기관을 통하여 신용카드 등으로도 납부할 수 있습니다.(민사소송 등 인지규칙 제27조 제1항 및 제28조의2 제1항)

산출된 인지액이 1,000원 미만인 때에는 1,000원의 인지를 붙여야 하고, 1,000원 이상인 경우 100원 미만의 단수가 있는 때에는 그 단수는 계산하지 아니합니다.

3. 송달료금 계산

송달료는 1회분이 4,500원입니다.

이 사건 소액심판 소장에는 송달료를 예납하여야 하는바, 송달료 계산은 원고1인, 피고1인을 기준으로 하여 각 10회분씩 총 20회분의 송달료 금 90,000원을 예납하고 그 납부서를 첨부합니다.

4. 준비서류

1) 소장(법원용) 1통, 소장(당사자용) 1통, 2) 갑 제1호증의 현금보관증을 소장 말미에 첨부, 3) 수입인지 납부서 1통, 4) 송달료 납부서 1통 첨부

5. 제출하는 방법

원고는 먼저 갑 제1호증의 현금보관증을 첨부한 소장 2통을 작성하여야 합니다.

관할법원인 청주지방법원 충주지원은 충청북도 충주시 계명대로 103,(교현2동 720-2)에 있고 청추지방법원 충주지원(전화 043) 841-9119)에는 수납은행이 상주하고 있으므로 수납은행으로 가시면 인지(소송등 인지의 현금납부서) 3장으로 구성된 용지와 송달료(예납·추납)납부서 3장으로 구성된 용지를 같이 작성해 수납은행 창구에 내시면 수납창구에서 인지에 대해서는 소송등 인지의 현금영수필확인서와 영수증을 송달료에 대해서는 법원제출용과 영수증을 주면 영수증은 잘 보관하시고 충주지원의 종합민원실에 내시면 사건번호접수한 년도 '가소'로 된 번호를 적어오시면 그 다음날 오후부터 대법원 나의 사건 검색에서 위 사건번호로 피고에게 소장부본송달 등의 여부 및 사건진행상황을 모두 확인할 수 있습니다.

또한 직접 법원으로 가실 수 없는 경우에는 위와 같이 소장 2통을 작성하여 소송등 인지의 현금납부서와 송달료 예납·추납 납부서에 의하여 납부한 납부서를 첨부하여 가까운 우체국으로 가서 위 법원의 주소지로 발송하고 3일 후 법원으로 전화하여 사건번호를 물어보시면 사건번호를 알려줍니다.

【공사대금청구1】 공사대금청구 도로포장공사를 완료하고 피고에게 인도하였으나 피고
는 공사대금을 일부만 지급하고 나머지 공사대금을 지급하지 않아 상
법에서 정한 이자와 원금을 청구하는 사례

소 　 　 　 장

원　　고　：　주식회사　○○토목

피　　고　：　○　　　○　　　○

공사대금 청구의 소

소송물 가액금	금	27,000,000원
첨부할 인지액	금	126,500원
첨부한 인지액	금	126,500원
납부한 송달료	금	90,000원
비　　고		

의정부지방법원 고양지원 귀중

소   장

1. 원고

성 명	주식회사 ○○토목	법인등록번호	생략
주 소	경기도 고양시 일산동구 ○○로 ○○, ○○○호		
대 표 자	대표이사 ○○○		
전 화	(휴대폰) 010 - 2998 - 0000		
기타사항	이 사건 채권자입니다.		

2. 피고

성 명	○ ○ ○	주민등록번호	생략
주 소	경기도 파주시 ○○로길 ○○, ○○○-○○○○호		
직 업	개인사업	사무실 주 소	생략
전 화	(휴대폰) 010 - 1198 - 0000		
기타사항	이 사건 채무자입니다.		

3. 공사대금 청구의 소

청구취지

1. 피고는 원고에게 금 27,000,000원 및 이에 대하여 ○○○○.
  ○○. ○○.부터 소장부본이 송달된 날까지는 연 6%의, 그

다음날부터 다 갚는 날까지 연 15%의 비율에 의한 금원을
지급하라.

2. 소송비용은 피고의 부담으로 한다.

3. 위 제1항은 가집행할 수 있다.

라는 판결을 구합니다.

청구원인

1. 원고는 주소지에서 주식회사 ○○토목이라는 상호로 토목공
   사 업을 주업으로 설립된 법인이며, 피고는 주소지 인근에서
   전원주택을 신축한 사실이 있습니다.

2. 원고는 ○○○○. ○○. ○○. 피고가 신축하는 경기도 파주
   시 ○○면 ○○로 ○○, 소재의 전원주택에 대한 진입로포장
   공사를 금 44,000,000원에 하기로 하는 공사계약을 체결하였
   습니다.

3. 원고는 이 사건 공사계약서에 따라 ○○○○. ○○. ○○.부터
   ○○○○. ○○. ○○.까지 진입로포장공사를 모두 완료하고 피
   고에게 인도하였으나 피고는 인도와 동시 공사대금을 지급하기
   로 하였음에도 불구하고 ○○○○. ○○. ○○. 금 17,000,000
   원만 지급하고 지금까지 나머지 금 27,000,000원을 지급하지 않
   고 있습니다.

4. 이에 원고는 휴대전화로 혹은 직접 채무자에게 찾아가 위 공

사대금의 지급을 요구하였으나 피고는 대출을 받아 주겠다는 등 차일피일 지체하며 지급하지 않고 있습니다.

5. 따라서 원고는 피고로부터 위 공사대금 27,000,000원 및 이에 대하여 원고가 진입로포장공사를 완료하여 피고에게 인도한 그 다음날인 ○○○○. ○○. ○○.부터 이 사건 소장부본을 송달받는 날까지는 상법에서 정한 연 6%의, 그 다음날부터 다 갚는 날까지는 소송촉진 등에 관한 특례법에서 정한 연 15%의 각 비율에 의한 금원을 지급받기 위하여 이 사건 청구에 이른 것입니다.

소명자료 및 첨부서류

1. 갑 제1호증   공사계약서
1. 갑 제2호증   이행각서
1. 송달료납부서
1. 인지납부확인서

○○○○ 년 ○○ 월 ○○ 일

위 원고 : ○ ○ ○   (인)

의정부지방법원 고양지원 귀중

접수방법

1. 관할법원

　　이 사건의 사례는 공사대금 청구이므로 의무이행지인 원고의 주소지인 의정부지방법원 고양지원이 관할법원이고, 피고의 보통재판적 주소지는 의정부지방법원 고양지원 파주시법원이 관할법원이기 때문에 원고는 아래의 관할법원에서 유리한 곳을 선택하여 소액심판 소장을 접수하시면 됩니다.

　　의정부지방법원 고양지원

　　경기도 고양시 일산동구 장백로 209,

　　전화번호 031) 920 - 6114

　　의정부지방법원 고양지원 파주시법원

　　경기도 파주시 금정로 45,(금촌동 947-28)

　　전화번호 031) 945 - 8668

2. 수입인지 계산

　　이 사건은 청구금액이 금 27,000,000이므로 $27,000,000 \times 0.0045 + 5,000 = 126,500$원입니다.

　　다만, 대법원 규칙이 정하는 바에 의하여 인지의 첩부에 갈음하여 당해 인지액 상당의 금액을 현금이나 신용카드 또는 직불카드 등으로 납부하게 할 수 있는바, 현행 규정으로는 소액심판에 첩부할 인지액이 10,000원 이상일 경우에는 현금으로 납부하여야 하고, 또한 인지액 상당의 금액을 현금으로 납부할 경우 이를 수납은행 또는 인지납부대행기관의 인터넷 홈페이지에서 인지납부대행기관을 통하여 신용카드 등으로도 납부할 수 있습니다.(민사소송 등 인지규칙 제27조 제1항 및 제28조의2 제1항)

산출된 인지액이 1,000원 미만인 때에는 1,000원의 인지를 붙여야 하고, 1,000원 이상인 경우 100원 미만의 단수가 있는 때에는 그 단수는 계산하지 아니합니다.

3. 송달료금 계산

송달료는 1회분이 4,500원입니다.

이 사건 소액심판 소장에는 송달료를 예납하여야 하는바, 송달료 계산은 원고1인, 피고1인을 기준으로 하여 각 10회분씩 총 20회분의 금 90,000원의 송달료를 예납하고 그 납부서를 소액심판 소장에 첨부합니다.

4. 준비서류

1) 소장(법원용) 1통, 소장(상대방용) 1통, 2) 갑 제1호증

공사계약서, 갑 제2호증 이행각서, 원고의 법인등기부등본 1통,
3) 수입인지 납부서 1통, 4) 송달료 납부서 1통 첨부

5. 제출하는 방법

　　원고는 먼저 갑 제1호증의 공사계약서, 갑 제2호증의 이행각서, 원고의 법인등기부등본 1통을 첨부한 소장 2통을 작성하여야 합니다.

　　의정부지방법원 고양지원에는 법원 안에 수납은행이 상주하고 있으므로 수납은행의 창구에는 인지(소송등 인지의 현금납부서) 3장으로 구성된 것을 작성하고 송달료(예납·추납)납부서 3장으로 구성된 용지를 작성해 내면 수납창구에서 인지에 대해서는 소송등 인지의 현금영수필확인서와 같은 영수증을 돌려주고 송달료에 대해서는 법원제출용과 영수증을 주면 영수증은 잘 보관하시고 종합민원실로 가서 소장접수(소액) 창구에 제출하면 접수한 년도 '가소' 몇 호로 된 사건번호를 적어오면 그 다음날 오후부터 대법원 나의 사건 검색창에서 위 사건번호로 사건진행상황을 확인할 수 있습니다.

　　의정부지방법원 고양지원 파주시법원에 접수하실 경우 파주시법원에서는 법원 안에 수납은행이 상주하지 않으므로 먼저 파주시법원 전화번호 031) 945-8668으로 전화하여 인지와 송달료의 수납은행을 알려달라고 하여 이동하시면 아마 법원과 가까운 수납은행

을 안내하면 그 수납은행의 창구에 인지(소송등 인지의 현금납부서) 3장으로 구성된 것을 작성하고 송달료(예납·추납)납부서 3장으로 구성된 것을 같이 작성해 내시면 수납창구에서 인지에 대해서는 소송등 인지의 현금영수필확인서와 같은 영수증을 돌려주고 송달료에 대해서는 법원제출용과 영수증을 주면 영수증은 잘 보관하시고 파주시법원으로 가서 내시면 접수한 년도 '가소'로 된 사건번호를 적어오면 그 다음날 오후부터 대법원 나의 사건 검색창에서 위 사건번호로 사건진행상황을 모두 확인할 수 있습니다.

또한 직접 법원으로 가실 수 없는 경우에는 위와 같이 소액심판 소장 2통을 작성하여 소송등 인지의 현금납부서와 송달료 예납·추납 납부서에 의하여 납부한 다음 가까운 우체국으로 가서 위 법원의 주소지로 보내신 후 3일 후 해당법원으로 전화하여 사건번호를 물어보시면 사건번호를 알려줍니다.

【공사대금청구2】 공사대금청구 철거공사를 완료하여 인도하였으나 공사대금 일부만
지급하고 나머지 공사대금 잔액을 지급하지 않아 상법에 정한 이자
와 공사대금을 청구하는 사례

소   장

원   고   :   주식회사 ○○○ 용역

피   고   :   ○○건설산업 주식회사

공사대금 청구의 소

소송물 가액금	금	19,000,000원
첨부할 인지액	금	90,500원
첨부한 인지액	금	90,500원
납부한 송달료	금	90,000원
비 고		

서울 서부지방법원 귀중

소 장

1. 원고

성 명	(주)○○○용역	법인등록번호	생략
주 소	서울시 서대문구 ○○로○○○길 ○○, ○○○○호		
대 표 자	대표이사 ○ ○ ○		
전 화	(휴대폰) 010 - 3376 - 0000		
기타사항	이 사건 채권자입니다.		

2. 피고

성 명	○○건설산업(주)	법인등록번호	생략
주 소	서울시 ○○구 ○○로 ○○길 ○○○,		
대 표 자	대표이사 ○ ○ ○		
전 화	(사무실) 02) 000 - 0000		
기타사항	이 사건 채무자입니다.		

3. 공사대금 청구의 소

청구취지

1. 피고는 원고에게 금 19,000,000원 및 이에 대하여 ○○○○.
   ○○. ○○.부터 소장부본이 송달된 날까지는 연 6%의, 그

다음날부터 다 갚는 날까지 연 15%의 비율에 의한 금원을 지급하라.

2. 소송비용은 피고의 부담으로 한다.

3. 위 제1항은 가집행할 수 있다.

라는 판결을 구합니다.

청구원인

1. 원고는 주소지에서 주식회사 ○○○용역이라는 상호로 건물철거 등을 주업으로 설립된 법인이며, 피고는 주소지에서 ○○건설산업 주식회사라는 상호로 전문건설업체로 서울시 ○○구 ○○로 ○○, 일대에서 건축을 하고 있습니다.

2. 원고는 ○○○○. ○○. ○○. 피고가 신축하려는 서울시 ○○구 ○○로 ○○, 일대의 사업부지에 축조되어 있는 지상 건물 등을 철거하는 공사를 금 210,000,000원에 하기로 하는 공사계약을 체결하고 원고는 ○○○○. ○○. ○○.부터 ○○○○. ○○. ○○.까지 공사계약에 따라 철거공사를 모두 완료하여 피고에게 인도하였습니다.

3. 공사계약에 의하면 원고가 철거공사를 완료하여 피고에게 인도를 조건으로 공사대금을 지급하기로 하였던 것인데 피고는 원고가 철거공사를 완료하여 ○○○○. ○○. ○○. 피고에게 인도하자 피고는 ○○○○. ○○. ○○. 금 191,000,000원만 지급하고 현재에 이르기까지 나머지 금 19,000,000원을 지급하지

않고 있습니다.

4. 따라서 원고는 피고로부터 위 공사대금 19,000,000원 및 이에 대하여 원고가 철거공사를 완료하여 피고에게 인도한 그 다음 날인 〇〇〇〇. 〇〇. 〇〇.부터 이 사건 소장부본을 송달받는 날까지는 상법에서 정한 연 6%의, 그 다음날부터 다 갚는 날 까지는 소송촉진 등에 관한 특례법에서 정한 연 15%의 각 비율에 의한 금원의 지급을 받기 위하여 이 사건 청구에 이른 것입니다.

소명자료 및 첨부서류

1. 갑 제1호증   철거공사도급계약서
1. 송달료납부서
1. 인지납부확인서

〇〇〇〇 년 〇〇 월 〇〇 일

위 원고 : (주)〇〇〇용역 (인)

대표이사 〇 〇 〇

서울 서부지방법원 귀중,

접수방법

1. 관할법원

이 사건의 사례는 공사대금 청구이므로 의무이행지인 원고의 주소지인 서울 서부지방법원이 관할법원이고, 피고의 보통재판적 주소지는 서울 중앙지방법원이 관할법원이기 때문에 원고는 아래의 관할법원에서 유리한 곳을 선택하여 소액심판 소장을 제출하시면 됩니다.

　　서울 서부지방법원
　　서울시 마포구 마포대로 174(공덕동)
　　전화번호 02) 3271 - 1114

　　서울 중앙지방법원
　　서울시 서초구 서초중앙로 157,(서초동)
　　전화번호 02) 530 - 1114

2. 수입인지 계산

이 사건은 청구금액이 금 19,000,000이므로 19,000,000×0.0045 +5,000= 90,500원입니다.

다만, 대법원 규칙이 정하는 바에 의하여 인지의 첨부에 갈음하여 당해 인지액 상당의 금액을 현금이나 신용카드 또는 직불카드 등으로 납부하게 할 수 있는바, 현행 규정으로는 소액심판에 첩부할 인지액이 10,000원 이상일 경우에는 현금으로 납부하여야 하고, 또한 인지액 상당의 금액을 현금으로 납부할 경우 이를 수납은행 또는 인지납부대행기관의 인터넷 홈페이지에서 인지납부대행기관을 통하여 신용카드 등으로도 납부할 수 있습니다.(민사소송 등 인지규칙 제27조 제1항 및 제28조의2 제1항)

산출된 인지액이 1,000원 미만인 때에는 1,000원의 인지를 붙여야 하고, 1,000원 이상인 경우 100원 미만의 단수가 있는 때에는 그 단수는 계산하지 아니합니다.

3. 송달요금 계산

송달료는 1회분은 4,500원입니다.

이 사건은 소장에는 송달료를 예납하여야 하는바, 송달료 계산은 원고1인, 피고1인을 기준으로 하여 각 10회분씩 총 20회분의 금 90,000원의 송달료를 예납하고 그 납부서를 첨부합니다.

4. 준비서류

1) 소장(법원용) 1통, 소장(상대방용) 1통, 2) 갑 제1호증 철거공사계약서를 조장 말미에 첨부하고 원고와 피고의 법인등

기부등본 각 1통씩 첨부, 3) 수입인지 납부서 1통, 4) 송달료 납부서 1통 첨부

5. 제출하는 방법

원고는 갑 제1호증 철거공사계약서 1통과 원고와 피고에 대한 법인등기부등본을 첨부한 소장을 2통 작성하여야 합니다.

서울 서부지방법원에는 법원 안에 수납은행이 상주하고 있으므로 수납은행의 창구에는 인지(소송등 인지의 현금납부서) 3장으로 구성된 것을 작성하고 송달료(예납·추납)납부서 3장으로 구성된 용지를 작성해 내면 수납창구에서 인지에 대해서는 소송등 인지의 현금영수필확인서와 같은 영수증을 돌려주고 송달료에 대해서는 법원제출용과 영수증을 주면 영수증은 잘 보관하시고 종합민원실로 가서 소장접수(소액) 창구에 제출하면 접수한 년도 '가소' 몇 호로 된 사건번호를 적어오면 그 다음날 오후부터 대법원 나의 사건 검색창에서 위 사건번호로 사건진행상황을 확인할 수 있습니다.

서울 중앙지방법원에는 법원 안에 수납은행이 상주하고 있으므로 수납은행의 창구에는 인지(소송등 인지의 현금납부서) 3장으로 구성된 것을 작성하고 송달료(예납·추납)납부서 3장으로 구성된 용지를 작성해 내면 수납창구에서 인지에 대해서는 소송등 인지의 현금영수필확인서와 같은 영수증을 돌려주고 송달료에 대해서는

법원제출용과 영수증을 주면 영수증은 잘 보관하시고 종합민원실로 가서 소장접수(소액) 창구에 제출하면 접수한 년도 '가소' 몇 호로 된 사건번호를 적어오면 그 다음날 오후부터 대법원 나의 사건 검색창에서 위 사건번호로 사건진행상황을 확인할 수 있습니다.

또한 직접 법원으로 가실 수 없는 경우에는 위와 같이 소액 심판 소장 2통을 작성하여 소송등 인지의 현금납부서와 송달료 예납·추납 납부서에 의하여 납부한 다음 가까운 우체국으로 가서 위 법원의 주소지로 보내신 후 3일 후 해당법원으로 전화하여 사건번호를 물어보시면 사건번호를 알려줍니다.

【공사대금청구3】 공사대금청구 조립식판넬공사를 완료하여 인도하였으나 공사대금 전액을 지급하지 않아 청구하는 사례

소　　　　　장

원　　고 :　○　　　○　　　○

피　　고 :　○　　　○　　　○

공사대금 청구의 소

소송물 가액금	금	11,000,000원
첨부할 인지액	금	54,500원
첨부한 인지액	금	54,500원
납부한 송달료	금	90,000원
비　　　　고		

광주지방법원 화순군법원 귀중

소   장

1. 원고

성 명	○ ○ ○	주민등록번호	생략
주 소	전라남도 화순군 화순읍 동한길 ○○, ○○○호		
직 업	개인사업	사무실 주 소	생략
전 화	(휴대폰) 010 - 4344 - 0000		
기타사항	이 사건 채권자입니다.		

2. 피고

성 명	○ ○ ○	주민등록번호	생략
주 소	전라남도 영암군 영암읍 ○○로 ○길 ○○, ○○○호		
직 업	공업	사무실 주 소	생략
전 화	(휴대폰) 010 - 1299 - 0000		
기타사항	이 사건 채무자입니다.		

3. 공사대금 청구의 소

청구취지

1. 피고는 원고에게 금 11,000,000원 및 이에 대하여 ○○○○.
   ○○. ○○.부터 소장부본이 송달된 날까지는 연 6%의, 그

다음날부터 다 갚는 날까지 연 15%의 비율에 의한 금원을
지급하라.

2. 소송비용은 피고의 부담으로 한다.

3. 위 제1항은 가집행할 수 있다.

라는 판결을 구합니다.

청구원인

1. 원고는 주소지에서 샌드위치 판넬공사를 주업으로 하는 개인
사업자이며, 피고는 주소지에서 제조공장을 하고 있습니다.

2. 원고는 ○○○○. ○○. ○○. 피고가 운영하고 있는 전라남도
영암군 영암읍 ○○로 ○○, 소재 공장건물을 증축하면서 조립
식판넬공사를 금 11,000,000원에 하기로 하고 공사계약을 체결
하였습니다.

3. 원고는 위 공사계약에 따라 샌드위치 판넬 등을 이용하여 공
사를 모두 완료하고 ○○○○. ○○. ○○. 피고에게 인도하
였으나 피고는 현재에 이르기까지 공사대금을 지급하지 않고
있습니다.

4. 이에 원고는 수차례에 걸쳐 피고에게 지급을 독촉하였으나
어렵다는 이유만으로 계속 미루기만 하고 있습니다.

5. 따라서 원고는 피고로부터 위 공사대금 11,000,000원 및 이에 대하여 원고가 판넬공사를 완료하여 피고에게 인도한 그 다음 날인 ○○○○. ○○. ○○.부터 이 사건 소장 부본을 송달받는 날까지는 상법에서 정한 연 6%의, 그 다음날부터 다 갚는 날까지는 소송촉진 등에 관한 특례법에서 정한 연 15%의 각 비율에 의한 금원의 지급을 받기 위하여 이 사건 청구에 이른 것입니다.

소명자료 및 첨부서류

1. 갑 제1호증   공사계약서
1. 송달료납부서
1. 인지납부확인서

○○○○ 년 ○○ 월 ○○ 일

위 원고 : ○ ○ ○   (인)

광주지방법원 화순군법원 귀중

접수방법

1. 관할법원

　이 사건의 사례는 공사대금 청구이므로 의무이행지인 원고의 주소지인 광주지방법원 화순군법원이 관할법원이고, 피고의 보통재판적 주소지는 광주지방법원 목포지원 영암군법원이 관할법원이기 때문에 원고는 아래의 관할법원에서 유리한 곳을 선택하여 소액심판 소장을 제출하시면 됩니다.

　　광주지방법원 화순군법원
　　전라남도 화순군 화순읍 동헌길 21-18(훈리 26-4)
　　전화번호 061) 374 - 6124

　　광주지방법원 목포지원 영암군법원
　　전라남도 영암군 영암읍 서남역로 21,(서남리 70-1)
　　전화번호 061) 473 - 4560

2. 수입인지 계산

　이 사건은 청구금액이 금 11,000,000이므로 11,000,000×0.0045+5,000= 54,500원입니다.

　다만, 대법원 규칙이 정하는 바에 의하여 인지의 첩부에 갈음하여 당해 인지액 상당의 금액을 현금이나 신용카드 또는 직불카드 등으로 납부하게 할 수 있는바, 현행 규정으로는 소액심판에 첨부할 인지액이 10,000원 이상일 경우에는 현금으로 납부하여야 하고, 또한 인지액 상당의 금액을 현금으로 납부할 경우 이를 수납은행 또는 인지납부대행기관의 인터넷 홈페이지에서 인지납부대행기관을 통하여 신용카드 등으로도 납부할 수 있습니다.(민사소송 등 인지규칙 제27조 제1항 및 제28조의2 제1항)

산출된 인지액이 1,000원 미만인 때에는 1,000원의 인지를 붙여야 하고, 1,000원 이상인 경우 100원 미만의 단수가 있는 때에는 그 단수는 계산하지 아니합니다.

3. 송달요금 계산

송달료는 1회분은 4,500원입니다.

이 사건은 소장에는 송달료를 예납하여야 하는바, 송달료 계산은 원고1인, 피고1인을 기준으로 하여 각 10회분씩 총 20회분의 금 90,000원의 송달료를 예납하고 그 납부서를 첨부합니다.

4. 준비서류

1) 소장(법원용) 1통, 소장(상대방용) 1통, 2) 갑 제1호증 공사계약서를 소장 말미에 첨부하고, 3) 수입인지 납부서 1통,

4) 송달료 납부서 1통, 첨부

5. 제출하는 방법

원고는 갑 제1호증 공사계약서 1통을 첨부한 소장을 2통 작성하여야 합니다.

광주지방법원 화순군법원에는 법원 안에 수납은행이 상주하지 않으므로 화순군법원 전화번호 061) 374-6124으로 전화하여 수납은행의 위치를 확인하고 수납은행으로 이동하면 수납은행의 창구에는 인지(소송등 인지의 현금납부서) 3장으로 구성된 것을 작성하고 송달료(예납·추납)납부서 3장으로 구성된 용지를 작성해 내면 수납창구에서 인지에 대해서는 소송등 인지의 현금영수필확인서와 같은 영수증을 돌려주고 송달료에 대해서는 법원제출용과 영수증을 주면 영수증은 잘 보관하시고 화순군법원으로 가서 소장을 접수하면 접수한 년도에 '가소' 몇 호로 된 사건번호를 적어오면 그 다음날 오후부터 대법원 나의 사건 검색창에서 위 사건번호로 사건진행상황을 모두 확인할 수 있습니다.

광주지방법원 목포지원 영암군법원에 접수하실 경우 영암군법원에는 법원 안에 수납은행이 상주하지 않으므로 먼저 영암군법원 전화번호 061) 473-4560으로 전화하여 인지와 송달료의 수납은행을 알려달라고 하여 이동하시면 아마 법원과 가까운 수납은행을 안내하면 그 수납은행의 창구에 인지(소송등 인지의 현금납부서) 3장으로 구성된 것을 작성하고 송달료(예납·추납)납부서 3장으로 구성된 것을 같이 작성해 내시면 수납창구에서 인지에 대해서는 소송등 인지의 현금영수필확인서와 같은 영수증을 돌려주고 송달료에 대해서는 법원제출용과 영수증을 주면 영수증은 잘 보관하시고 영암군법원으로 가서 소장을 접수하면 접수한 년도에 '가고'로 된 사건번호를 적어오면 그 다음날 오후부터 대법원 나의 사건 검색창에서 위 사건번호로 사건진행상황을 확인할 수 있습니다.

또한 직접 법원으로 가실 수 없는 경우에는 위와 같이 소액심판 소장을 2통 작성하여 소송등 인지의 현금납부서와 송달료 예납·추납 납부서에 의하여 납부한 다음 가까운 우체국으로 가서 위 법원의 주소지로 보내신 후 3일 후 해당법원으로 전화하여 사건번호를 물어보시면 사건번호를 알려줍니다.

【물품대금청구1】 물품대금청구 섬유원단을 공급하여 판매하였으나 일부만 지급하고 나머지 물품대금을 지급하지 않아 청구하는 사례

소　　　　장

원　　고 : ○　　　　○　　　　○

피　　고 : ○　　　　○　　　　○

물품대금 청구의 소

소송물 가액금	금	22,000,000원
첨부할 인지액	금	104,000원
첨부한 인지액	금	104,000원
납부한 송달료	금	90,000원
비　　　　고		

순천지원 여수시법원 귀중

소   장

1. 원고

성 명	○ ○ ○	주민등록번호	생략
주 소	전라남도 여수시 ○○○로 ○○, ○○○-○○○호		
직 업	상업	사무실 주 소	생략
전 화	(휴대폰) 010 - 4478 - 0000		
대리인에 의한 청 구	□ 법정대리인 (성명 : , 연락처) □ 소송대리인 (성명 : 변호사, 연락처)		

2. 피고

성 명	○ ○ ○	주민등록번호	생략
주 소	전라남도 순천시 ○○로 ○○길 ○○, ○○○호		
직 업	상업	사무실 주 소	생략
전 화	(휴대폰) 010 - 9012 - 0000		
기타사항	이 사건 채무자입니다.		

3. 물품대금 청구의 소

청구취지

1. 피고는 원고에게 금 22,000,000원 및 이에 대하여 ○○○○.
 ○○. ○○.부터 소장부본이 송달된 날까지는 연 6%의, 그

다음날부터 다 갚는 날까지 연 15%의 비율에 의한 금원을 지급하라.

2. 소송비용은 피고의 부담으로 한다.

3. 위 제1항은 가집행할 수 있다.

라는 판결을 구합니다.

청구원인

1. 원고는 주소지에서 섬유원단을 판매하는 상인이며, 피고는 주소지에서 순천 ○○섬유라는 상호로 원고 등으로부터 섬유원단을 공급받아 판매하는 소매업을 하고 있습니다.

2. 원고는 ○○○○. ○○. ○○. 피고의 주문에 의하여 원고가 취급하는 여성용 안감원단을 금 30,000,000원에 판매하기로 하고 공급하였으나 피고는 ○○○○. ○○. ○○. 금 8,000,000원만 지급하고 원단인수와 동시 대금을 지급하기로 하였던 것인데 현재에 이르기까지 금 22,000,000원을 지급하지 않고 있습니다.

3. 이에 원고는 피고에게 휴대전화로 독촉하거나 피고가 운영하는 점포로 수도 없이 찾아가 지급을 독촉하였으나 차일피일 지체하면서 지급하지 않고 있습니다.

4. 따라서 원고는 피고로부터 위 물품대금 22,000,000원 및 여성용 안감원단을 판매한 그 다음날인 ○○○○. ○○. ○○.부터 소장 부본이 송달된 날까지는 상법에서 정한 연 6%의, 그

다음날부터 다 갚는 날까지는 소송촉진 등에 관한 특례법에서 정한 연 15%의 비율에 의한 금원의 지급을 받기 위하여 이 사건 소제기에 이른 것입니다.

소명자료 및 첨부서류

1. 갑 제1호증   거래명세표
1. 갑 제2호증   내용증명서
1. 송달료납부서
1. 인지납부확인서

○○○○ 년 ○○ 월 ○○ 일

위 원고 : ○ ○ ○ (인)

순천지원 여수시법원 귀중

접수방법

1. 관할법원

이 사건은 물품대금을 청구하는 소액사건이므로 의무이행지인 원고의 주소지인 광주지방법원 순천지원 여수시법원이 관할법원이고, 피고의 보통재판적 주소지인 광주지방법원 순천지원도 관할법원이므로 채권자는 편리한 곳을 선택하여 소액심판 소장을 제출하여도 됩니다.

광주지방법원 순천지원 여수시법원
전라남도 여수시 망마로 26,(학동 97-1)
전화번호 061) 681 - 1688

광주지방법원 순천지원
전라남도 순천시 왕지로 21,(왕지동)
전화번호 061) 729 - 5114

2. 수입인지 계산

이 사건은 청구금액이 금 22,000,000이므로 22,000,000×0.045 +5,000= 104,000원입니다.

다만, 대법원 규칙이 정하는 바에 의하여 인지의 첩부에 갈음하여 당해 인지액 상당의 금액을 현금이나 신용카드 또는 직불카

드 등으로 납부하게 할 수 있는바, 현행 규정으로는 소액심판에 첨부할 인지액이 10,000원 이상일 경우에는 현금으로 납부하여야 하고, 또한 인지액 상당의 금액을 현금으로 납부할 경우 이를 수납은행 또는 인지납부대행기관의 인터넷 홈페이지에서 인지납부대행기관을 통하여 신용카드 등으로도 납부할 수 있습니다.(민사소송 등 인지규칙 제27조 제1항 및 제28조의2 제1항)

산출된 인지액이 1,000원 미만인 때에는 1,000원의 인지를 붙여야 하고, 1,000원 이상인 경우 100원 미만의 단수가 있는 때에는 그 단수는 계산하지 아니합니다.

3. 송달요금 계산

송달료는 1회분은 4,500원입니다.

이 사건은 소장에는 송달료를 예납하여야 하는바, 송달료 계산은 원고1인, 피고1인을 기준으로 하여 각 10회분씩 총 20회분의 금 90,000원의 송달료를 예납하고 그 납부서를 첨부합니다.

4. 준비서류

1) 소장(법원용) 1통, 소장(상대방용) 1통, 2) 갑 제1호증 거래명세서, 갑제2호증 내용증명서를 소장 말미에 첨부하고, 3) 수입인지 납부서 1통, 4) 송달료 납부서 1통, 첨부

5. 제출하는 방법

　　원고는 갑 제1호증 거래명세서 1통, 갑 제2호증 내용증명서를 첨부한 소장을 2통 작성하여야 합니다.

　　광주지방법원 순천지원 여수시법원에 접수하실 경우 여수시법원에서는 법원 안에 수납은행이 상주하지 않으므로 먼저 여수시법원 전화번호 061) 681-1688으로 전화하여 인지와 송달료의 수납은행을 알려달라고 하여 이동하시면 아마 청송군법원과 가까운 곳으로 수납은행을 안내하면 그 수납은행의 창구에 인지(소송등 인지의 현금납부서) 3장으로 구성된 것을 작성하고 송달료(예납·추납)납부서 3장으로 구성된 것을 같이 작성해 내시면 수납창구에서 인지에 대해서는 소송등 인지의 현금영수필확인서와 같은 영수증을 돌려주고 송달료에 대해서는 법원제출용과 영수증을 주면 영수증은 잘 보관하시고 여수시법원으로 가서 소장을 접수하면 접수한 년도에 '가소'로 된 사건번호를 적어오면 그 다음날 오후부터 대법원 나의 사건 검색창에서 위 사건번호로 사건진행상황을 확인할 수 있습니다.

　　광주지방법원 순천지원에 접수하실 경우 의성지원 안에 수납은행이 상주하고 있으므로 그 수납은행의 창구에 인지(소송등 인지의 현금납부서) 3장으로 구성된 것을 작성하고 송달료(예납·추납)납부서 3장으로 구성된 것을 같이 작성해 내시면 수납창구에서 인지에 대해서는 소송등 인지의 현금영수필확인서와 같은 영수증을 돌려주고 송달료에 대해서는 법원제출용과 영수증을 주면 영수증은 잘 보관하시고 종합민원실로 가서 소장을 내시면 '가소'로 된 사건번호를 적어오면 그 다음날 오후부터 대법원 나의 사건 검색창에서 위 사건번호로 사건진행상황을 확인할 수 있습니다.

또한 직접 법원으로 가실 수 없는 경우에는 위와 같이 소장 2통을 작성하여 소송등 인지의 현금납부서와 송달료를 납부한 납부서를 첨부하여 가까운 우체국으로 가서 위 해당하는 법원 앞으로 등기우편으로 보내신 후 3일 후 접수한 법원으로 전화하여 사건번호를 물어보시면 사건번호를 알려줍니다.

【물품대금청구2】 물품대금청구 생산한 사과를 공급하여 판매하였으나 물품대금을 지급하지 않아 상법에서 정한 이자와 원금을 청구하는 사례

소　　　　장

원　　고 :　○　　　○　　　○

피　　고 :　○　　　○　　　○

물품대금 청구의 소

소송물 가액금	금　12,000,000원
첨부할 인지액	금　59,000원
첨부한 인지액	금　59,000원
납부한 송달료	금　90,000원
비　　　고	

의성지원 청송군법원 귀중

소   장

1. 원고

성 명	○ ○ ○	주민등록번호	생략
주 소	경상북도 청송군 청송읍 ○○로 ○○,(월막리 ○○호)		
직 업	농업 / 사무실 주 소 생략		
전 화	(휴대폰) 010 - 9981 - 0000		
대리인에 의한 청 구	□ 법정대리인 (성명 : , 연락처) □ 소송대리인 (성명 : 변호사, 연락처)		

2. 피고

성 명	○ ○ ○	주민등록번호	생략
주 소	경상북도 의성군 의성읍 ○○길 ○○,(중리리 ○○호)		
직 업	상업 / 사무실 주 소 생략		
전 화	(휴대폰) 010 - 1265 - 0000		
기타사항	이 사건 채무자입니다.		

3. 물품대금 청구의 소

청구취지

1. 피고는 원고에게 금 12,000,000원 및 이에 대하여 ○○○○.
   ○○. ○○.부터 소장부본이 송달된 날까지는 연 6%의, 그

다음날부터 다 갚는 날까지 연 15%의 비율에 의한 금원을 지급하라.

2. 소송비용은 피고의 부담으로 한다.

3. 위 제1항은 가집행할 수 있다.

라는 판결을 구합니다.

청구원인

1. 원고는 주소지에서 청송사과를 재배해 판매하는 농민이며, 피고는 주소지에서 농산물소매점을 운영하고 있습니다.

2. 원고는 피고의 주문에 의하여 원고가 재배한 청송사과를 ○○○○. ○○. ○○. 금 12,000,000원에 거래명세표와 같이 판매하였으나, 피고는 농산물의 인수와 동시에 지급하기로 한 위 물품대금을 차일피일 지체하면서 현재에 이르기까지 지급하지 않고 있습니다.

3. 따라서 원고는 피고로부터 위 물품대금 12,000,000원 및 사과를 판매한 그 다음날인 ○○○○. ○○. ○○.부터 소장 부본이 송달된 날까지는 상법에서 정한 연 6%의, 그 다음날부터 다 갚는 날까지는 소송촉진 등에 관한 특례법에서 정한 연 15%의 비율에 의한 금원의 지급을 받기 위하여 이 사건 소제기에 이른 것입니다.

소명자료 및 첨부서류

1. 갑 제1호증   거래명세표
1. 갑 제2호증   인수증
1. 송달료납부서
1. 인지납부확인서

○○○○ 년 ○○ 월 ○○ 일

위 원고 : O O O   (인)

의성지원 청송군법원 귀중

접수방법

1. 관할법원

이 사건은 물품대금을 청구하는 소액사건이므로 의무이행지인 원고의 주소지인 대구지방법원 의성지원 청송군법원이 관할법원이고, 피고의 보통재판적 주소지인 대구지방법원 의성지원도 관할법원이므로 원고는 편리한 곳을 선택하여 소액심판 소장을 제출하여도 됩니다.

대구지방법원 의성지원 청송군법원
경상북도 청송군 청송읍 중앙로 319,(월막리 69-5)
전화번호 054) 873 - 6043

대구지방법원 의성지원
경상북도 의성군 의성읍 군청길 67,(중리리 748-7)
전화번호 054) 830 - 8030

2. 수입인지 계산

이 사건은 청구금액이 금 12,000,000이므로 12,000,000×0.045+5,000= 59,000원입니다.

다만, 대법원 규칙이 정하는 바에 의하여 인지의 첩부에 갈음하여 당해 인지액 상당의 금액을 현금이나 신용카드 또는 직불카

드 등으로 납부하게 할 수 있는바, 현행 규정으로는 소액심판에 첨부할 인지액이 10,000원 이상일 경우에는 현금으로 납부하여야 하고, 또한 인지액 상당의 금액을 현금으로 납부할 경우 이를 수납은행 또는 인지납부대행기관의 인터넷 홈페이지에서 인지납부대행기관을 통하여 신용카드 등으로도 납부할 수 있습니다.(민사소송 등 인지규칙 제27조 제1항 및 제28조의2 제1항)

산출된 인지액이 1,000원 미만인 때에는 1,000원의 인지를 붙여야 하고, 1,000원 이상인 경우 100원 미만의 단수가 있는 때에는 그 단수는 계산하지 아니합니다.

3. 송달요금 계산

송달료는 1회분은 4,500원입니다.

이 사건은 소장에는 송달료를 예납하여야 하는바, 송달료 계산은 원고1인, 피고1인을 기준으로 하여 각 10회분씩 총 20회분의 금 90,000원의 송달료를 예납하고 그 납부서를 첨부합니다.

4. 준비서류

1) 소장(법원용) 1통, 소장(상대방용) 1통, 2) 갑 제1호증 거래명세표, 갑제2호증 인수증을 소장 말미에 첨부하고, 3) 수입인지 납부서 1통, 4) 송달료 납부서 1통 첨부

5. 제출하는 방법

원고는 갑 제1호증 거래명세표 1통, 갑 제2호증 인수증을 첨부한 소장을 2통 작성하여야 합니다.

대구지방법원 의성지원 청송군법원에 접수하실 경우 청송군법원에서는 법원 안에 수납은행이 상주하지 않으므로 먼저 청송군법원 전화번호 054) 873-6043으로 전화하여 인지와 송달료의 수납은행을 알려달라고 하여 이동하시면 아마 청송군법원과 가까운 곳으로 수납은행을 안내하면 그 수납은행의 창구에 인지(소송등 인지의 현금납부서) 3장으로 구성된 것을 작성하고 송달료(예납·추납)납부서 3장으로 구성된 것을 같이 작성해 내시면 수납창구에서 인지에 대해서는 소송등 인지의 현금영수필확인서와 같은 영수증을 돌려주고 송달료에 대해서는 법원제출용과 영수증을 주면 영수증은 잘 보관하시고 청송군법원으로 가서 소장을 제출하면 접수한 년도에 '가소'로 된 사건번호를 적어오면 그 다음날 오후부터 대법원 나의 사건 검색창에서 위 사건번호로 사건진행상황을 확인할 수 있습니다.

대구지방법원 의성지원에 접수하실 경우 의성지원 안에 수납은행이 상주하고 있으므로 그 수납은행의 창구에 인지(소송등 인지의 현금납부서) 3장으로 구성된 것을 작성하고 송달료(예납·추납)납부서 3장으로 구성된 것을 같이 작성해 내시면 수납창구에서 인지에 대해서는 소송등 인지의 현금영수필확인서와 같은 영수증을 돌려주고 송달료에 대해서는 법원제출용과 영수증을 주면 영수증은 잘 보관하시고 종합민원실로 가서 소장을 내시면 접수한 년도에 '가소'로 된 사건번호를 적어오면 그 다음날 오후부터 대법원 나의 사건 검색창에서 위 사건번호로 사건진행상황을 확인할 수 있습니다.

또한 직접 법원으로 가실 수 없는 경우에는 위와 같이 소장 2통을 작성하여 소송등 인지의 현금납부서와 송달료를 납부한 납부서를 첨부하여 가까운 우체국으로 가서 위 해당하는 법원 앞으로 등기우편으로 보내신 후 3일 후 접수한 법원으로 전화하여 사건번호를 물어보시면 사건번호를 알려줍니다.

【물품대금청구3】 물품대금청구 식자재용 생선 등을 공급하여 판매하였으나 일부만 지급하고 나머지 대금을 지급하지 않아 상법에서 정한 이율을 청구하는 사례

소   장

원   고 :   ○   ○   ○

피   고 :   주식회사 ○ ○ 디앤씨

물품대금 청구의 소

소송물 가액금	금	30,000,000원
첨부할 인지액	금	140,000원
첨부한 인지액	금	140,000원
납부한 송달료	금	90,000원
비 고		

대구지방법원 영덕지원 귀중

소   장

1. 원고

성 명	○ ○ ○	주민등록번호	생략
주 소	경상북도 영덕군 영덕읍 경동로 ○○, ○○○호		
직 업	상업	사무실 주 소	생략
전 화	(휴대폰) 010 - 7788 - 0000		
대리인에 의한 청 구	□ 법정대리인 (성명 : , 연락처) □ 소송대리인 (성명 : 변호사, 연락처)		

2. 피고

성 명	(주) ○○디앤씨	법인등록번호	생략
주 소	경상북도 울진군 울진읍 월변○길 ○○○,		
대 표 자	사내이사 ○ ○ ○		
전 화	(사무실) 054) - 000 - 0000		
기타사항	이 사건 채무자입니다.		

3. 물품대금 청구의 소

청구취지

1. 피고는 원고에게 금 30,000,000원 및 이에 대하여 ○○○○.
   ○○. ○○.부터 소장부본이 송달된 날까지는 연 6%의, 그

다음날부터 다 갚는 날까지 연 15%의 비율에 의한 금원을 지급하라.

2. 소송비용은 피고의 부담으로 한다.

3. 위 제1항은 가집행할 수 있다.

라는 판결을 구합니다.

청구원인

1. 원고는 주소지에서 ○○상회라는 상호로 활어생선을 등을 판매하거나 주문을 받고 공급하는 영업을 하고 있고, 피고는 주소지에서 식자재공급을 주업으로 하는 법인입니다.

2. 원고는 ○○○○. ○○. ○○.부터 피고의 요청에 의하여 피고에게 ○○○○. ○○. ○○.까지 총 42회에 걸쳐 별지 첨부한 거래명세서와 같이 원고가 취급하는 활어생선을 총 41,000,000원에 판매하였습니다.

3. 그런데 피고는 장기간을 거래해 오면서 한 번도 제대로 대금을 지급하지 않아 원고가 거래를 그만하겠다고 통지하고 물품대금의 지급을 강력히 요구하자 피고는 ○○○○. ○○. ○○. 금 1,000,000원을 지급하였고 ○○○○. ○○. ○○. 금 5,000,000원을 지급하였고, ○○○○. ○○. ○○. 금 3,000,000원을 지급하였고, ○○○○. ○○. ○○. 금 2,000,000원을 지급한 채 지금까지 잔액 30,000,000원을 지급하지 않고 있습니다.

4. 따라서 원고는 피고로부터 위 물품대금 금 30,000,000원 및 이에 대한 원고가 피고에게 활어생선을 공급완료 한 그 다음날인 ○○○○. ○○. ○○.부터 이 사건 소장 부본을 송달받은 날까지는 상법에서 정한 연 6%의, 그 다음날부터 다 갚는 날까지는 소송촉진 등에 관한 특례법에서 정한 연 15%의 비율에 의한 금액의 지급을 받기 위하여 이 사건 소제기에 이른 것입니다.

소명자료 및 첨부서류

1. 갑 제1호증   거래명세서
1. 송달료납부서
1. 인지납부확인서

○○○○ 년 ○○ 월 ○○ 일

위 원고 : ○ ○ ○   (인)

대구지방법원 영덕지원 귀중

접수방법

1. 관할법원

이 사건은 물품대금을 청구하는 소액사건으로서 원고의 주소지 관할법원은 대구지방법원 영덕지원이고, 피고의 주소지는 대구지방법원 영덕지원 울진군법원이므로 원고는 의무이행지인 원고의 주소지 법원인 대구지방법원 영덕지원에 소제기를 할 수 있고, 피고의 보통재판적 주소지는 대구지방법원 영덕지원 울진군법원도 관할법원이므로, 원고는 아래와 같이 기재한 편리한 곳의 법원을 선택하여 소액심판 소장을 제출하시면 됩니다.

대구지방법원 영덕지원
경상북도 영덕군 영덕읍 경동로 8337(화개리 226-1)
전화번호 054) 730 - 3000

대구지방법원 영덕지원 울진군법원
경상북도 울진군 울진읍 월변2길 33,(읍내리 336)
전화번호 054) 783 - 8010

2. 수입인지 계산

이 사건은 청구금액이 금 30,000,000이므로 30,000,000×0.0045 +5,000= 140,000원입니다.

다만, 대법원 규칙이 정하는 바에 의하여 인지의 첨부에 갈음하여 당해 인지액 상당의 금액을 현금이나 신용카드 또는 직불카드 등으로 납부하게 할 수 있는바, 현행 규정으로는 소액심판에 첨부할 인지액이 10,000원 이상일 경우에는 현금으로 납부하여야 하고, 또한 인지액 상당의 금액을 현금으로 납부할 경우 이를 수납은행 또는 인지납부대행기관의 인터넷 홈페이지에서 인지납부대행기관을 통하여 신용카드 등으로도 납부할 수 있습니다.(민사소송 등 인지규칙 제27조 제1항 및 제28조의2 제1항)

산출된 인지액이 1,000원 미만인 때에는 1,000원의 인지를 붙여야 하고, 1,000원 이상인 경우 100원 미만의 단수가 있는 때에는 그 단수는 계산하지 아니합니다.

3. 송달요금 계산

송달료는 1회분은 4,500원입니다.

이 사건은 소장에는 송달료를 예납하여야 하는바, 송달료 계산은 원고1인, 피고1인을 기준으로 하여 각 10회분씩 총 20회분의 금 90,000원의 송달료를 예납하고 그 납부서를 첨부합니다.

4. 준비서류

1) 소장(법원용) 1통, 소장(상대방용) 1통, 2) 갑 제1호증 거래명세서를 소장 말미에 첨부하고, 이어서 피고가 법인이므로 법인등기부등본을 1통을 첨부하여야 하고, 3) 수입인지 납부서 1통, 4) 송달료 납부서 1통 첨부

5. 제출하는 방법

원고는 갑 제1호증 거래명세서 1통과 피고의 법인등기부등본을 첨부한 소장을 2통 작성하여야 합니다.

원고가 소장을 대구지방법원 영덕지원에 접수할 경우 영덕지원에는 법원 안에 수납은행이 상주하므로 수납은행의 창구에는 인지(소송등 인지의 현금납부서) 3장으로 구성된 것을 작성하고 송달료(예납·추납)납부서 3장으로 구성된 것을 같이 작성해 수납은행 창구에 내시면 수납창구에서 인지에 대해서는 소송등 인지의 현금영수필확인서와 같은 영수증을 돌려주고 송달료에 대해서는 법원제출용과 영수증을 주면 영수증은 잘 보관하시고 종합민원실에 제출하면 접수한 년도에 '가소'로 된 사건번호를 적어오면 그 다음 날 오후부터 대법원 나의 사건 검색창에서 위 사건번호로 사건진행상황을 모두 확인할 수 있습니다.

원고가 소장을 대구지방법원 영덕지원 울진군법원에 제출할 경

우 울진군법원에는 수납은행이 상주하지 않으므로 울진군법원 전화번호 054) 783-8010으로 전화하여 인지 및 송달료의 수납은행을 확인하고 이동하시면 대부분 법원주변에 있는 수납은행 창구에 보시면 인지(소송등 인지의 현금납부서) 3장으로 구성된 것을 작성하고 송달료(예납·추납)납부서 3장으로 구성된 것을 같이 작성해 수납은행 창구에 내시면 수납창구에서 인지에 대해서는 소송등 인지의 현금영수필확인서와 같은 영수증을 돌려주고 송달료에 대해서는 법원제출용과 영수증을 주면 영수증은 잘 보관하시고 울진군법원 안에 있는 접수창구에 내시면 접수한 년도에 '가소'로 된 사건번호를 적어오면 그 다음날 오후부터 대법원 나의 사건 검색창에서 위 사건번호로 사건진행상황을 확인할 수 있습니다.

또한 직접 법원으로 가실 수 없는 경우에는 위와 같이 소장 2통을 작성하여 소송등 인지의 현금납부서와 송달료를 납부한 납부서를 첨부하여 가까운 우체국으로 가서 위 해당하는 법원 앞으로 등기우편으로 보내신 후 3일 후 접수한 법원으로 전화하여 사건번호를 물어보시면 사건번호를 알려줍니다.

▣ **대한실무법률편찬연구회** ▣

연구회 발행도서
-2018년 소법전
-법률용어사전
-고소장 장석방법과 실무
-탄원서 의견서 작성방법과 실무
-소액소장 작성방법과 실무
-항소 항고 이유서 작성방법과 실제
-지급명령 신청방법

소액심판 소장
접수와 사례작성방법의 실제   정가 16,000원

2018年 8月 5日 1판 인쇄
2018年 8月 10日 1판 발행
편   저 : 대한실무법률편찬연구회
발 행 인 : 김 현 호
발 행 처 : 법문 북스
공 급 처 : 법률미디어

서울 구로구 경인로 54길4 (우편번호 : 08278)
TEL : (02)2636-2911~2, FAX : (02)2636~3012
등록 : 1979년 8월 27일 제5-22호
Home : www.lawb.co.kr

▌ISBN 978-89-7535-684-1 (13360)
▌이 도서의 국립중앙도서관 출판예정도서목록(CIP)은 서지정보유통지원시스템 홈페이
  지(http://seoji.nl.go.kr)와 국가자료공동목록시스템(http://www.nl.go.kr/kolisnet)에서
  이용하실 수 있습니다. (CIP제어번호 : CIP2018023930)
▌파본은 교환해 드립니다.
▌본서의 무단 전재·복제행위는 저작권법에 의거, 3년 이하의
  징역 또는 3,000만원 이하의 벌금에 처해집니다.

분쟁의 소지가 있는 사항들을 심중 분석하고
일목요연하게 집필 하여
유익하고 활용가지가 높은 실질사례서식

13360

ISBN 978-89-7535-684-1

16,000원